★

Thomas Städtler

Der Sozialismus glaubt an das Gute, der Kapitalismus an den Bonus

Ein Schlagabtausch in 150 Sätzen

eichborn

Thomas Städtler, geboren 1955, Psychologe und Buchautor (u.a. *Von den Schwierigkeiten, ein Konservativer zu werden,* 1996, *Lexikon der Psychologie,* 1998, *Die Bildungshochstapler,* 2009). Beratungstätigkeit in Politik und Wirtschaft. Der Autor lebt in Unterfranken.

1. Auflage 2009

Umschlaggestaltung: Christina Hucke
Druck und Bindung: CPI – Clausen & Bosse, Leck
ISBN 978-3-8218- 6504-1

FSC Mix
Produktgruppe aus vorbildlich bewirtschafteten Wäldern und anderen kontrollierten Herkünften
www.fsc.org Zert.-Nr. GFA-COC-001223
© 1996 Forest Stewardship Council

Eichborn Verlag, Kaiserstraße 66, 60329 Frankfurt am Main
Mehr Informationen zu Büchern und Hörbüchern aus dem Eichborn Verlag finden Sie unter www.eichborn.de

VORWORT

Eigentlich dachte ich in den 80er Jahren, dass der Gegensatz zwischen »links« und »rechts« nicht mehr viel Sinn habe. Und nach dem Fall der Mauer schien sich endgültig zu bestätigen, dass es nicht mehr fruchtbar war, über Sozialismus und Kapitalismus und dritte Wege nachzudenken. Doch die Geschichte lehrte uns etwas anderes. Heute stehen wir da und praktizieren »kapitalistischen Sozialismus«, und wahrscheinlich müssen wir all das doch noch einmal »durchnehmen«.

Zwanzig Jahre jedenfalls habe ich mir in meinen aphoristischen Notizbüchern immer wieder Gedanken notiert, quasi notieren müssen, beruflich und privat Umgang mit all denjenigen pflegend, die es betrifft: die Ostler und die Westler, die Kapitalisten und Sozialisten, die Arbeiter, die Angestellten, die Manager und die echten Unternehmer, die Professoren. Und irgendwann, kurz vor den großen Jubiläen 2009 habe ich all diese Aphorismen zusammengestellt, in der Hoffnung, dass neben mir einige sie durchlesen und schmunzeln über all die weltbewegenden Weltanschauungsdifferenzen, die so herrlich grandios und gleichzeitig albern sind, bevor wir sie dann handhaben wie »Wittgensteins Leiter«, die man weglegt, nachdem man auf ihr emporgestiegen ist.

Ich habe mich bewusst nicht nur auf die »edlen« Aphorismen konzentriert, sondern auch volksmundartige versucht, durchaus auch solche, die die Nähe zum Kalauer nicht scheuen. Das Ganze hat sich mit der Zeit ein wenig zu der sportlichen Herausforderung entwickelt, eine Art Vollständigkeit der behandelten Aspekte zu erreichen.

Zu Beginn meiner Aufzeichnungen war mir eigentlich nur die klassische Formulierung in Bezug auf den Kommunismus bekannt: »Im Kapitalismus beutet der Mensch den Menschen aus. Im Kommunismus ist es umgekehrt.« Erst Anfang 2009 habe ich aus Angela Merkels Mund von einem Beispiel erfahren: »Im Sozialismus werden erst die Banken verstaatlicht und dann ruiniert; im Kapitalismus werden sie erst ruiniert und dann verstaatlicht.« Im Internet fand ich in

Abwandlung dessen ein früheres Zitat von Václav Klaus, in dem statt von Banken von Betrieben die Rede ist. Ein anderer Politiker hat mir einen weiteren – kalauernd-melancholischen – Spruch rezitiert: »Der Sozialismus hat euch den Rest gegeben, der Kapitalismus hat euch den auch noch genommen.«

Lichtenberg hat einmal den Vorschlag gemacht, ein Physik-Lehrbuch ganz in Aphorismen zu formulieren. – Das vorliegende kleine Buch ist die Umsetzung dieser Idee für das Fach »Vergleichende Wirtschafts- und Gesellschaftstheorie«.

Und Karl Kraus hat geschrieben: »Wer wird denn umständlich in einer Zeile ausdrücken, was man bequem in hundert Seiten sagen kann.« – Ich habe mich dieser Anstrengung unterzogen.

Thomas Städtler, Mai 2009

KAPITALISMUS VERSUS SOZIALISMUS

Das Versprechen des Sozialismus, erste Fassung:
Ihr werdet alle satt!

Das Versprechen des Kapitalismus:
Ihr werdet niemals satt!

★

Das Versprechen des Sozialismus, zweite Fassung:
Ihr werdet alles bekommen, was Ihr braucht!

Das Versprechen des Kapitalismus:
Ihr werdet alles brauchen, was Ihr bekommt!

★

Das Versprechen des Sozialismus, dritte Fassung:
Ihr werdet alles bekommen!

Das Versprechen des Kapitalismus:
Ihr werdet immer mehr bekommen!

In der sozialistischen Wirtschaft schaltet der Staat den Wettbewerb aus. Im Kapitalismus müssen die Konzerne das selbst erledigen.

★

Im Kapitalismus gehören die Krisen zum System, im Sozialismus die Krise.

★

Der Kapitalismus fordert Flexibilität, um das Chaos zu bewältigen, der Sozialismus, um den Plan zu retten.

★

Im Sozialismus wurden die Preise von der Politik diktiert.

Im Kapitalismus ist es umgekehrt.

Der Sozialismus beging Unrecht
im Namen der Gerechtigkeit,
der Kapitalismus begeht Ungerechtigkeiten
im Namen des Rechts.

★

Der Sozialismus war ein humanes System
mit unmenschlichen Auswüchsen
(wie die katholische Kirche).

Der Kapitalismus besteht aus lauter Auswüchsen,
darunter auch einige humane.

★

Im Sozialismus musste man, weil alles für alle
da war, mehr schaffen, als man selbst brauchte.

Im Kapitalismus muss man mehr schaffen, als alle
brauchen, weil sonst das System zusammenbricht.

Im Kapitalismus kann man, wenn man will, gegen alles sein, aber nichts dagegen tun. Im Sozialismus musste man für alles sein, dafür aber nicht so viel tun.

★

Der Sozialismus war auf der Suche nach dem Gen für eine schöne neue Welt.

Der Kapitalismus beschränkt sich auf Schönheitschirurgie.

★

Wo der Kapitalismus mit ein wenig Make-up auskommt, benötigte der Sozialismus Schönheitsoperationen.

Der Sozialismus ist eine große Idee,
die zu Ideenlosigkeit führt.

Der Kapitalismus ist eine kleine Idee,
zu der man ständig neue haben muss.

★

Der Sozialismus ist am stärksten,
wenn er den Kapitalismus kritisiert,
der Kapitalismus am schwächsten,
wenn er sich verteidigt oder
den Sozialismus kritisiert.

★

Der Sozialismus macht
Kritiker zu Feinden,
der Kapitalismus macht Professoren,
oder lächerlich oder beides.

Das kapitalistische System ist gut.
Schlecht sind nur seine Kollateralschäden.
Der Sozialismus kennt keine Kollateralschäden,
er lässt sich alles anrechnen.

★

Der Sozialismus war eine grandiose Idee,
und er scheiterte kläglich.
Der Kapitalismus scheitert permanent grandios.

★

Die Verbrechen des Sozialismus geschahen
auf Befehl, im Kapitalismus regelt auch das der
Markt (mit vielen unsichtbaren Händen).

★

Der Sozialismus war ein gutes System, das wegen
seiner Einfalt untergegangen ist, der Kapitalismus
ein schlechtes System, das wegen seiner Vielfalt
überlebt.

**Der Sozialismus war ein Heilsversprechen,
der Kapitalismus ist ein geschäftlicher Kontrakt.**

★

**Der Sozialismus hatte seine Schattenseiten,
der Kapitalismus seine Schattenbanken.**

★

**Der Sozialismus hatte seine Foltergefängnisse
im eigenen Land,
der Kapitalismus im geeigneten Ausland.**

★

**Der Sozialismus sieht sich als Medizin
für eine kranke Welt.**

**Der Kapitalismus will nicht mehr sein
als ein höchst effektives Placebo.**

Der Sozialismus war der Versuch,
das Elend der Welt zu beseitigen,
der Kapitalismus ist der Versuch,
daraus Geld zu machen, um es zu lindern.

Der Sozialismus versuchte, den Menschen gut und
dann glücklich zu machen,
der Kapitalismus zog die umgekehrte Variante vor.

★

Der Sozialismus versuchte, den Menschen gut und
dann wohlhabend zu machen,
der Kapitalismus zog die umgekehrte Variante vor.

★

Der Sozialismus versuchte, den Menschen zufrieden
zu stellen und ihn so glücklich zu machen,
der Kapitalismus weiß, dass Menschen mit dem Ziel,
glücklich zu werden,
glücklicher sind als zufrieden gestellte.

Der vielfältigen Einfalt des Sozialismus setzt
der Kapitalismus seine einfältige Vielfalt entgegen.

★

Der Sozialismus garantierte das Recht auf Arbeit,
um damit das Glück sich zu verdienen.
Der Kapitalismus schrieb in die Verfassung
(zumindest der USA) das Recht auf Glück,
aber die Arbeit muss man sich verdienen.

★

Der Sozialismus versprach Arbeit und Wohlstand
für alle. Das mit der Arbeit wurde gehalten,
obgleich man es sich nicht leisten konnte.

Der Kapitalismus versprach Wohlstand für alle.
Daraus wurde Wohlstand für alle,
die es sich leisten können, und Arbeit, soviel
der Kapitalismus es sich leisten kann und will.

Im Sozialismus gab es für die breite Masse
nur das Billigste.

Im Kapitalismus muss die breite Masse
lange suchen, bis sie das Billigste findet.
(Sie hat ein Hobby daraus gemacht.)

*

Der Sozialismus schafft Märtyrer,
nur der Kapitalismus beherrscht die Kunst der
effektiven Erniedrigung.

*

Der Sozialismus macht aus einem Biermann
einen Revolutionär,
der Kapitalismus einen poetischen Biedermann.

Zwei Rechnungen die nicht aufgehen:

Sozialismus:
Die doppelte Anzahl von Arbeitern
schafft die Hälfte und verdient dafür ein Drittel.

Kapitalismus:
Die Hälfte der Arbeiter verdient das Doppelte
und schafft dafür das Dreifache.

★

Sozialismus:
Dinge, die man braucht, so billig machen,
dass jeder sie kaufen kann.

Kapitalismus:
Dinge, die man nicht braucht, so teuer machen,
dass jeder sie kaufen will.

Der Sozialismus hat den Irrtum begangen, Brot, Miete und Straßenbahnfahrten so billig zu machen, wie sie sein sollten, und Autos und Fernseher so teuer, wie sie eigentlich sind.

Der Kapitalismus hat begriffen, dass die Menschen es umgekehrt wollen.

★

Im Sozialismus bekommt man etwas geschenkt, wenn man wenig hat. Im Kapitalismus dann, wenn man alles hat.

★

Der Sozialismus war ein Idealismus auf materialistischer Basis, der zum Materialismus wurde und dem dann die Basis wegbrach.

Der Kapitalismus mutierte mit der Zeit zu einer Art materialistischem Idealismus oder auch virtuellem Materialismus.

Der Sozialismus scheiterte, als er real geworden war, der Kapitalismus, als er irreal wurde.

★

Die Armut des Sozialismus beruhte zu einem
nicht geringen Teil auf der Hoffnung,
in Zukunft reicher zu werden als der Kapitalismus.
Der Kapitalismus ist so genial konstruiert,
dass die Hoffnung ihn (nicht alle, aber viele)
schon in der Gegenwart reich macht.

★

Im Sozialismus heiligte der Zweck
die nicht vorhandenen Mittel,
im Kapitalismus heiligen
die finanziellen Mittel
den nicht vorhandenen Sinn.

Im Sozialismus heiligte der Zweck die Mittel, im Kapitalismus heiligen die Zweckgesellschaften die Bilanzen.

★

Der Sozialismus hat seine Bilanzen um Milliarden geschönt, der Kapitalismus um Billionen.

★

Der DDR-Sozialismus hat wegen 30 Milliarden Schulden aufgegeben, der Kapitalismus hat wegen Billionen-Schulden floriert.

★

Der Sozialismus hat versucht, die Phantasie durch den Plan zu ersetzen, der späte Kapitalismus versucht es durch Phantasmagorien.

Im Sozialismus waren die Frauen gleichberechtigt.
Im Kapitalismus sind sie emanzipiert!

★

Die Wertlehre des Sozialismus:
Ohne Fleiß kein Preis.

Die Wertlehre des Kapitalismus:
Ohne Preis kein Fleiß.

★

Der Sozialismus bot eine politische Alternative,
aber keine Wahl.

Der Kapitalismus bietet die politische Wahl,
aber keine Alternativen.

Der Sozialismus übte nach gewonnenen Kriegen
Vergeltung, der Kapitalismus Vergeldung –
darin lag sein uneinholbarer Vorsprung.

★

Im Sozialismus durfte man leise sagen:
»Ich darf nicht klagen«.

Im Kapitalismus muss man laut sagen:
»Ich kann nicht klagen«.

★

Die Größe und Brutalität des Kapitalismus:
Du darfst Scheitern erfahren.

Die Größe und Brutalität des Sozialismus:
Du darfst Scheitern nicht erfahren.

Der Trick des Kapitalismus:
Alle fühlen sich frei, und wenn nicht,
dann müssen sie sich selbst die Schuld geben.

Der Trick des Sozialismus:
Alle fühlen sich unfrei,
aber es gibt immer einen anderen,
der schuld daran ist.

*

Wo der Sozialismus Gemeinschaft
prêt à porter lieferte,
da bietet der Kapitalismus
Individualität prêt à porter.

*

Im frühen Sozialismus konnte einem eine falsche Bemerkung schlimm zu stehen kommen, im späten Kapitalismus ein mitgenommener Pfandbon über 1,50 Euro oder der Verzehr eines Bienenstichs, der dem Arbeitgeber gehört.

Im Sozialismus heißt Wirtschaft:
Umgehen mit Knappheit,
so dass an wichtigen Stellen
keine Engpässe entstehen.

Im Kapitalismus:
Umgehen mit Überfluss,
aber so, dass an den richtigen Stellen
Engpässe entstehen.

★

Der Sozialismus hat über seine Verhältnisse gelebt,
der Kapitalismus unverhältnismäßig.

★

Der Kapitalismus baut auf die unsichtbare Hand
des Marktes. Der Sozialismus auf die sichtbare Hand
des zentralen Planers.
In beiden Systemen gilt:
Eine Hand wäscht die andere.

Im Kapitalismus ist man oft dafür,
weil man ja dagegen sein darf,
im Sozialismus dagegen,
weil man dafür sein muss.

★

Im Sozialismus unterdrückten viele Mittelmäßige
die Besten.

Im Kapitalismus gelingt es auch den Besten nicht,
die Mittelmäßigen zu unterdrücken.

★

Der Sozialismus hat auf wohlgemeinte Unterdrückung
gebaut, der Kapitalismus auf das Recht
des Stärkeren, nur das Beste zu wollen.

Der Sozialismus hat auf Unterdrückung gebaut.
Der Kapitalismus hat gemerkt,
dass es Effizienteres gibt: Zug statt Druck.

★

Im Sozialismus wurde man gezwungen,
im Kapitalismus motiviert.
Ersteres durch Pläne, letzteres durch Ziele.

★

Der Kapitalismus hat früher
als der Sozialismus gemerkt,
dass informelle Mitläufer besser sind
als informelle Mitarbeiter.

★

Der Sozialismus ersetzt Freiheit durch
Geborgenheit, der Kapitalismus durch Freiheiten.

Der Sozialismus hat die Meinungsfreiheit unterdrückt und dabei die Meinungsbildung gefördert.

Der Kapitalismus fördert die Meinungsfreiheit und die Freiheit von Meinung.

★

Der Sozialismus war die Diktatur des Proletariats,
der Kapitalismus die des Monetariats.

★

Der Sozialismus war die Diktatur des Volks,
der Kapitalismus die des Erfolgs.

★

Der Sozialismus war die Anstrengung, auf Stein,
der Kapitalismus die Kunst, auf Sand zu bauen.

Der Sozialismus hat dem Westen seinen Untergang geschenkt.

Der Kapitalismus wird sogar mit seinem Untergang noch gute Geschäfte machen.
(Er hätte anstelle der DDR aus dem Abriss der Mauer ein Konjunkturprogramm gemacht und 50 Milliarden Abwrackprämie für die umweltverträgliche Beseitigung der Trabis verlangt.)

★

Der Sozialismus musste die
schlechte Versorgungslage öfters durch etwas
mehr Freiheit ausgleichen,
der Kapitalismus kann bei
guter Konsumentenzufriedenheit auch mal
ein paar Freiheiten einschränken.

Ein unangenehmer Zug des Sozialismus:
eine schmale und mittelmäßige Elite
auf kapitalistische Weise versorgen.

Ein angenehmer Zug des Kapitalismus:
eine breite Mittelmäßigkeits-Elite
sozialistisch versorgen.

★

Der Kapitalismus begeht zu viele Ungerechtigkeiten,
der Sozialismus zu viele Gerechtigkeiten.

★

Über den Sozialismus durfte man nicht lachen.
Über den Kapitalismus gibt es keine Witze.

★

Der Sozialismus war ein großes Experiment.
Der Kapitalismus besteht aus lauter
kleinen Experimenten.

Im Sozialismus ist die Rechtsbeugung gleichzeitig
System und Ausnahme,
im Kapitalismus ist sie strafbar und alltäglich.

★

Kapitalismus und Sozialismus hätten sich
nicht so sehr voreinander als vor sich selbst
schützen sollen.

★

Es wird häufig gesagt, der Sozialismus setze
den guten Menschen voraus.
Die Wahrheit ist: Das tut der Kapitalismus!

★

Der Sozialismus hat zum größten Teil aus Mitläufern
bestanden. Der Kapitalismus auch,
aber sie marschieren nicht im Gleichschritt,
sondern machen oder stellen sich gegenseitig Beine
(beides macht kreativ).

Die Banker des Sozialismus waren Dilettanten,
die Dilettanten des Kapitalismus waren
hochprofessionell
(zumindest in der Präsentation und bei den Boni).

★

Die Manager des Sozialismus waren Amateure
und entsprechend bezahlt.
Der Kapitalismus hat lange nicht gemerkt:
Aus Amateuren werden noch keine Profis,
nur weil man sie gut bezahlt.

★

Wer im Sozialismus die Meinung vertrat,
man solle dem Volk vertrauen und es nicht länger
bespitzeln, galt als Systemgegner.

Wer im Kapitalismus die Meinung vertritt,
man solle mehr auf die Stimme des Volkes hören,
gilt als Populist.

Wer in der DDR unsozialistische Poesie schrieb, das System unsystematisch kritisierte und sogar noch verbessern wollte, war Staatsfeind.

Wer den im Endzeitfieber schwitzenden Kapitalismus ermahnte: Wir müssen die Finanzmärkte regulieren, die Steuern erhöhen und aufhören, die Armen auch noch zu demütigen, war »Ewiggestriger«, »Demagoge« oder auch »gefährlichster Mann Europas«.

★

Die Sozialisten haben fast immer alles besser gewusst. Wären sie nicht Besserwisser gewesen, hätten sie den Kapitalisten die Stirn bieten können, die es lieber besser machen, ohne es besser zu wissen.

★

Starrsinn, wohlgeplant, das war Sozialismus. Größenwahnsinn kühlen Kopfes, das ist Kapitalismus.

Der Sozialismus hatte seine Betonköpfe,
der Kapitalismus seine allseits Flexiblen.

★

Im Sozialismus waren die Spielzeuge aus Holz,
die Autos aus Pappe und das Leben
aus Pappe und Holz.
Im Kapitalismus sind die Autos aus Stahl,
die Spielzeuge aus Plastik und das Leben
aus Plastik und Stahl.

★

Dem Sozialismus hat Flexibilität gefehlt,
dem Kapitalismus redliche Sturheit.

★

Der Sozialismus glaubt an das Gute,
der Kapitalismus an den Bonus.

90 Prozent der Sozialisten haben gelernt,
sehr marktwirtschaftlich zu denken,
um den Sozialismus über Wasser zu halten,
während 90 Prozent der Kapitalisten
zentralistischer sind als Walter Ulbricht,
wenn sie die Macht dazu haben.

★

Dem Sozialismus fehlte das Unternehmertum.
Der späte Kapitalismus hat nicht gemerkt:
Hohe Gehälter machen aus Managern
noch keine Unternehmer.

★

Im Kapitalismus darf man das System kritisieren
und muss im Einzelfall die Klappe halten,
im Sozialismus war es mal wieder umgekehrt.

Der Sozialismus produzierte Autos,
der Kapitalismus Automarken!

★

Im Sozialismus waren die Bücher doppelt billig:
Sie hatten einen niedrigen Preis,
und auch zwischen
den Zeilen gab es was zu lesen.

Im Kapitalismus ist dafür das Papier besser.

★

Der Sozialismus will den Menschen das geben,
was sie brauchen.

Der Kapitalismus braucht den Menschen nur das
zu geben, was sie wollen.

Der Sozialismus versagt als System.

Im Kapitalismus versagt jeder für sich.

★

Der Sozialismus ist ein gutes System,
das aber schlecht mit Fehlern umgehen kann.
Beim Kapitalismus ist´s wieder mal umgekehrt.

★

Der Sozialismus war ein humanes System,
das sich unfreundlich präsentierte.

Der Kapitalismus ist ein inhumanes System,
das Wert auf gute Präsentation legt.

★

Teuer zu stehen kommt einem im Sozialismus
der Mut, im Kapitalismus die Armut.

Der Sozialist glaubt daran,
durch langes Sitzen in Bibliotheken
die Verhältnisse zum Tanzen bringen zu können.
Der Kapitalismus tanzt mit den Verhältnissen.

★

Im Kapitalismus darf man unzufrieden,
muss aber glücklich sein.

Im Sozialismus musste man zufrieden sein,
auch wenn man es oft nicht war.
Dafür aber war man eigentlich ganz glücklich.

★

Der Sozialismus hat auf Unterdrückung gebaut
und auf Resignation.
Der Kapitalismus auf Aufstieg und Resignation.

Der Sozialismus hat auf
Geborgenheit und Freizeit gebaut,
der Kapitalismus auf Freiheit und Freizeit
und noch mehr Freizeit
für die freigesetzten Unfreien.

*

Der Kapitalismus beruhte früher auf dem Schweiß
der Massen und sein Erfolg dann darauf,
dass er Methoden gefunden hat, wie man sich
diesen Schweiß erspart.

Der Sozialismus beruhte immer auf dem Fleiß der
Massen und sein Misserfolg dann darauf,
dass sie Methoden gefunden haben,
sich diesen Fleiß zu ersparen.

Der moderne Kapitalismus beruht auf
Wissen und Intelligenz und Methoden, sie,
wenn nötig, auszuschalten.
Der Sozialismus ging unter,
weil ihm der zweite Teil nicht gelang.

*

Der Sozialismus hatte die systemisch verdeckte,
der Kapitalismus die statistisch versteckte
Arbeitslosigkeit.

*

Die Überlegenheit des Sozialismus hat sich
darin gezeigt, dass jeder Mensch mit
ehrlicher Arbeit ca. 1000 DM verdienen konnte.

Die Überlegenheit des Kapitalismus zeigt sich darin,
dass einige Millionen Menschen mit null Stunden
Arbeit etwa genauso viel verdienen. (Und einige mit
null Stunden Arbeit Millionen.)

Der Sozialismus war dem Kapitalismus überlegen, konnte aber nicht mit ihm konkurrieren.

Der Kapitalismus war dem Sozialismus von dem Moment an unterlegen, als er nicht mehr mit ihm konkurrieren konnte.

*

Der Sozialismus war von dem Moment an verloren, als er mehr als der Kapitalismus produzieren wollte.

Der Kapitalismus war verloren, als sein Finanzsystem begann, mehr »Produkte« herzustellen als seine Wirtschaft.

*

Als der Kapitalismus in den Osten kam, feierten ihn die Menschen als Errettung vom Sozialismus. Wenn sie einmal vor ihm gerettet werden wollen, wird ihnen auch kein Sozialismus mehr helfen.

Der Marxismus hat bewiesen,
dass die Geschichte auch ohne ihn so abläuft,
wie sie ablaufen muss.
Die wissenschaftliche Ökonomie des Kapitalismus
hat bewiesen,
dass die Geschichte gar nicht abläuft.

*

Marxismus und Mainstream-Ökonomie zeigen beide:
Im Unendlichen schneiden sich die Parallelen,
dort wird alles gut.

*

Die marxistische Ökonomie hat ihre Übertreibungen,
die kapitalistische ihre Randbedingungen.

*

Die »wissenschaftliche Ökonomie«
hat den Kapitalismus mindestens ebenso sehr
ruiniert wie der Marxismus den Sozialismus.

Die marxistische Ökonomie hat wissenschaftlich gezeigt, dass Geld doch stinkt.

Die kapitalistische Volkswirtschaftslehre zeigt: Das ist sein Arbeitsschweiß! Und sie liefert gleich ein Deospray mit (speziell für den Fall, dass man noch den Angstschweiß riecht.)

★

Der Marxismus hat wissenschaftlich gezeigt:
Der Markt kann nicht funktionieren.
Die kapitalistische Ökonomie hat mathematisch bewiesen: Wenn der Markt nicht funktioniert, dann ist es keiner.

★

Die Geschichte hat gelehrt: Märkte funktionieren super, leider gibt es kaum welche. Die Geschichte hat auch gelehrt: Wenn der Sozialismus funktioniert, dann ist es meist keiner.

In der marxistischen Ökonomie wird begründet,
in der kapitalistischen bewiesen.

★

Wenn die Wirklichkeit sich nicht so verhält,
wie der Marxismus vorhergesagt hat,
kann er dies immer erklären.

Die Wissenschaft vom Kapitalismus zeigt
dann mathematisch,
dass die Wirklichkeit sich nur verstellt.

★

Der Sozialismus war die mickrige Umsetzung einer
großen Theorie. Der Kapitalismus ist die
dynamische Umsetzung gar keiner Theorie.
(In dem Moment, als er an Theorien zu glauben
begann, näherte er sich seinem Ende.)

Die marxistische Ökonomie versteht den Kapitalismus, kann ihn aber nicht berechnen, die kapitalistische Volkswirtschaftslehre versteht nichts, rechnet aber fröhlich vor sich hin.

*

Der Sozialismus ist als Geliebte langweilig, als Mutti gut, beim Kapitalismus gilt das Gegenteil (die Ossis haben´s zu spät begriffen).

*

Die Gesundheitssysteme des Sozialismus waren meist verarmt, veraltet und höchst intelligent. Im Kapitalismus gibt es die teuersten, modernsten und dümmsten medizinischen Systeme, die man sich vorstellen kann.

Im Sozialismus lernte man wegen all seiner Beschränkungen: Langsamkeit und Konzentration. Im Kapitalismus wegen seiner Schrankenlosigkeit: permanente Beschleunigung und Achtlosigkeit.

★

Der Sozialismus war radikal und spießig,
der Kapitalismus ist spießig und radikal.

★

Der Sozialismus hat versucht,
den Menschen nur Sinnvolles
zu geben,
der Kapitalismus hat begriffen,
dass der Unsinn nicht fehlen darf.

★

Der Sozialismus konnte nicht gut mit den Mühen der Ebenen umgehen, der Kapitalismus beherrscht die Kunst der mühelosen Flachheit.

Marxismus:
Der Preis einer Ware bemisst sich nach dem Wert der darin steckenden Arbeit.

Kapitalismus:
Entwickle Produkte, in denen wenig Arbeit und viel Idee steckt!

*

Der Sozialismus setzt für revolutionäre Veränderungen auf die zwei am wenigsten geeigneten Gruppen: Arbeiter und Unzufriedene.

Der Kapitalismus setzt auf Zufriedene. Und auf Revolutionäre, also auf Unternehmer oder Verbrecher. Oder auf beide zugleich.

*

Der Sozialismus hat sich gemäß den Lehren von Karl Marx verhalten.
Der Vorteil des Kapitalismus ist, dass er dies noch viel stärker tut (mal sehn, ob auch im Untergang).

Der Sozialismus hatte die Stasi,
um das Denken der Menschen auszuspionieren;
der Kapitalismus Google, die Quote,
die Datenbank der Post, die Detektive von Lidl
und die Deutsche Bahn.

★

Im Sozialismus gab es eine herrschende Ideologie.

Der Kapitalismus ist da liberaler, in ihm gibt es nur
eine Ideologie der Herrschenden.

★

Den Kapitalismus halten die hidden champions
am Leben, im Sozialismus waren es die
hidden entrepreneurs.

★

Der Sozialismus hatte zu wenige Bananen,
der Kapitalismus zu viele Bananenrepubliken.

Der Marxismus hat gezeigt:
Der Untergang des Kapitalismus ist logisch.
Zur Logik des Kapitalismus allerdings gehört es,
sich unlogisch zu verhalten.

★

Ein moderner Sozialist wusste:
Wer zu spät kommt, den bestraft das Leben.
Honecker hatte begriffen:
Wer zu früh kommt mit Dingen, die zu spät kommen,
den bestraft das Leben.
Der Kapitalist weiß:
Nur wer zu früh kommt, den belohnt das Leben.

★

Arbeit – der sozialistische Fetisch,
Leistung – der kapitalistische.

Sozialisten glauben an die Sache,
aber nicht an sich selbst.
Kapitalisten wissen,
dass es umgekehrt besser funktioniert.

★

Im Sozialismus konnten weder Arbeiter noch
Manager entlassen werden.
Im Kapitalismus müssen sich beide damit abfinden.
Der Manager wird außerdem noch abgefunden.

★

Der Sozialismus verstand sich als vorletzte Phase
der Geschichte,
die unweigerlich zum Kommunismus führt.

Der Kapitalismus sieht sich auch als vorletzte Phase,
die allerdings unweigerlich zu einem
neuen Kapitalismus führt.
(Als er sich als Ende der Geschichte betrachtete,
begann sein Ende.)

Die Sozialisten wollten immer gleich
ein stählernes Flugzeug bauen.
Die Kapitalisten probieren es erst mal mit
einem großen Ballon und viel heißer Luft.

★

Der Sozialismus hatte die Wahrheit für sich
gepachtet, der Kapitalismus den Realismus.

★

Der Sozialismus hatte den »Schwarzen Kanal«,
der Kapitalismus seine Privat-Kanäle.

★

Im Sozialismus waren die Unterhaltungssendungen
witzlos, im Kapitalismus sind sie lächerlich.

Erich Honecker:
»Den Sozialismus in seinem Lauf hält weder Ochs noch Esel auf.«

Jack Welch:
»Get out of my way!«

★

Die Überlegenheit des Kapitalismus zeigt sich schon daran, dass seine Spitzenpolitiker und -beamten auch im Sozialismus an der Spitze stünden, während Honecker und Konsorten im Kapitalismus keine Chancen hätten.

★

Der Sozialismus hat den Kalten Krieg beendet, der Kapitalismus hat ihn gewonnen.

Wer sagt:
»Am Sozialismus war nicht alles schlecht«,
ist ein Nostalgiker.

Wer sagt:
»Der Markt wird´s langfristig schon richten«,
ist zukunftsorientiert.

★

Der Plan ist nicht immer einzuhalten,
der Wettbewerb nicht immer auszuhalten.

★

Am kritischsten wurde der Sozialismus
von denen gesehen,
die er am gnädigsten unterstützte:
den Künstlern.

Am vehementesten plädieren die für
den Kapitalismus, die in seinem sozialistischen
Sektor leben: die Beamten.

Die Sozialisten konnten bekanntlich nicht rechnen.
Im Kapitalismus glauben manche, es genüge,
rechnen zu können.

★

Im Sozialismus war Doping Vorschrift,
im Kapitalismus die Regel.

★

Hätten die alten DDR-Kader die USA regiert,
hätten sie schon längst Insolvenz angemeldet.

Hätten amerikanische Manager die DDR regiert,
wäre sie 1989 als Start-up an die Börse gebracht
worden und sofort Billionen wert gewesen.

★

Der Sozialist glaubt an eherne Geschichtsgesetze.
Der Kapitalist gibt der Geschichte eine Chance,
täglich.

Marx und die Sozialisten liebten es,
von »Widersprüchen« zu sprechen,
die es aufzuheben gälte.
Der Kapitalist findet Widersprüche witzig.

★

Kapitalisten unter- und überbieten sich gerne.
Sozialisten lieben es,
sich gegenseitig zu widerlegen.

★

90 von 100 Marxisten glauben,
als einzige den Meister richtig zu verstehen.
Kapitalisten haben keine Meister.

★

Der Sozialismus hat zu viel vom Kapitalismus
gelernt, der Kapitalismus zu wenig vom Sozialismus.

Der Marxismus hat Hegel auf die Füße gestellt.
Der Kapitalismus war schon immer ein
Stehaufmännchen.

★

Der Marxismus hat den Kapitalismus besser
verstanden als dieser sich selbst.
Allerdings funktioniert Kapitalismus dann am besten,
wenn man ihn nicht versteht.

★

Marxismus und Sozialismus fehlt es an Witz,
weil sie sich im Besitz der Wahrheit glauben.
Tatsächlich fehlt es ihnen zur Wahrheit nur an Witz.

Der Kapitalismus ist damit zufrieden,
ein guter Witz zu sein.
(Oder auch nur ein schlechter, der gut erzählt wird.)

Der Kapitalismus wäre erfolgreicher,
wenn er wieder mal Marx und Ludwig Erhard
lesen würde.
Der Sozialismus wird erst dann erfolgreich werden,
wenn er auch die Marx Brothers rezipiert.

★

Das Lieblingsspiel des Kapitalisten:
Versuchen, ob was geht.

Das Lieblingsspiel des Sozialisten:
Erklären, warum was nicht ging,
nicht geht oder nicht gehen wird.

★

An einem Punkt hat der Kapitalismus im Unterschied
zu den Sozialisten Marx verstanden:
Es kommt nicht darauf an,
die Welt nur zu interpretieren,
sondern sie zu ändern.

**Der Marxismus hat die Welt richtig interpretiert.
Der Kapitalismus weiß:
Eine Interpretation ist zu wenig,
der Markt braucht mehr.**

★

**Der Sozialist liebt es zu erklären
(auch wenn keiner mehr zuhört).
Der Kapitalist liebt Publikum.**

★

**Der Sozialist ist tapfer, der Kapitalist arrogant.
(Darin besteht die Überlegenheit seines Systems.)**

★

**Der Sozialist hat das richtige Bewusstsein,
der Kapitalist das richtige Selbstbewusstsein.**

Der Sozialist weiß:
Das Sein bestimmt das Bewusstsein.
Der Kapitalist weiß:
Der Schein bestimmt das Selbstbewusstsein.

★

Der Kapitalismus beruht auf Größen-Wahn,
der Sozialismus auf Größen-Plan.
(Ersteres ist effektiver.)

★

Der Sozialismus hat auf Zentralismus gesetzt,
der Kapitalismus auf Konzentration.

★

Im Sozialismus war der Betrieb wie eine zweite Familie, im Kapitalismus kommt die Firma nach Hause.

Der Sozialismus hat an die Macht
des Unterdrückungsapparates geglaubt,
der Kapitalismus wusste schon immer von
der Überlegenheit des Fernsehapparates.

★

Der Sozialismus hat auf den Propaganda-Apparat
gesetzt, der Kapitalismus wusste schon immer
von der Überlegenheit der Werbung.

★

Der Sozialismus hatte seine Propagandalügen,
der Kapitalismus fällt auf seine eigenen
Werbesprüche rein.

★

Der Sozialismus hat den »Helden der Arbeit«,
der Kapitalismus die Helden der Arbeitslosigkeit.

Der Sozialismus hatte die Gleichschaltung, der Kapitalismus war sich einig.

★

Der Sozialismus hatte die Zensur, der Kapitalismus hat immer Recht.

★

Im Sozialismus war das Bezahlbare oft nicht verfügbar, im späten Kapitalismus wurde für einige das Unbezahlbare Gebrauchsware und für andere Gebrauchsware unbezahlbar.

★

Im Sozialismus war man sparsam, normal und ein wenig absonderlich, im Kapitalismus sind Geiz und sinnlose Verschwendung geil und sinnvoll geworden, Wahnsinn normal und Normalität absonderlich.

Der Sozialismus hat es zu spät gemerkt:
Unterdrückung ist unökonomisch.

Der Kapitalismus wird es zu spät merken:
Ausbeutung ist unökonomisch.

★

Der Sozialismus hatte eine unökonomische Moral, der Kapitalismus verkennt, dass es nichts Ökonomischeres gibt als Moral.

★

Der Sozialismus hat zu spät gemerkt, dass Ökonomie die Basis der Gerechtigkeit ist. Der Kapitalismus verkennt, dass für ihn das Umgekehrte gilt.

★

Der Sozialismus hat nicht begriffen, dass die Moral den Luxus nicht ersetzen kann, der Kapitalismus weiß nicht, dass Moral der höchste Luxus ist.

Der Sozialismus hat nicht begriffen, dass eine gerechte Gesellschaft sehr kreativ sein muss. Der Kapitalismus begreift nicht, dass nur eine gerechte Gesellschaft kreativ bleiben wird.

★

Einer der Hauptgründe, warum er unterging, war, dass er so spießig war, der Sozialismus. Dass er gar so modern sein wollte, war einer der Gründe, warum er sich so sehr seinem Untergang näherte, der Kapitalismus.

★

Der Sozialismus ging unter, weil am Schluss zu wenige an ihn glaubten, der Kapitalismus begann unterzugehen, als zu viele an ihn glaubten.

Die Mauerbauer haben den Sozialismus ruiniert,
die amerikanischen Häuslebauer den Kapitalismus
(bloß weil er ihnen statt gut bezahlter Arbeit lieber
unabzahlbare Kredite gewährte).

★

Der Kapitalismus war der »erste Weg«,
der Sozialismus der »zweite Weg«.
Das Schöne am kreativen Kapitalismus war,
dass er einmal den »dritten Weg« ermöglichte,
aber auch den vierten und fünften und 312ten
(bis er am Schluss wieder zum ersten und
einzigen degenerierte).

★

Der späte Sozialismus litt an Arteriosklerose,
der späte Kapitalismus an Blasen-Schwäche.

Beim Versuch, den Kapitalismus zu überholen, stieß der Sozialismus frontal mit sich selbst zusammen.

Beim Versuch, sich selbst zu überholen, stieß der Kapitalismus mit der Realität zusammen.

*

Das große Geheimnis des sozialistischen Systems:
Es hat es mit ins Grab genommen.

Der Kapitalismus hat weder Geheimnis
(außer dem Bankgeheimnis) noch System.
Darin liegt sein Geheimnis.

*

Der Sozialismus wird mit einem Winseln untergehen,
so die wahr gewordene Prophezeiung,
der Kapitalismus nur mit der ganzen Welt.

Der Sozialismus hatte sich überlebt und ging
deswegen unter. Der Kapitalismus beherrscht
die Kunst, sich selbst immer wieder zu überleben.

*

Im Sozialismus gibt es mehr Unzufriedene,
im Kapitalismus mehr Unglückliche.
Die Zahl der Glücklichen ist in beiden Systemen
gleich.

POSTSKRIPTUM AUS ÖSTLICHER SICHT

Die meisten Unterschiede waren viel kleiner als geglaubt. Die restlichen waren dafür umso größer.

POSTSKRIPTUM AUS WESTLICHER SICHT

Wir sind nun einmal auch im Bilanzfälschen besser als Ihr!

WARUM DER MODERNE KAPITALISMUS ZU MODERN BEGANN

Zu viele hielten sich für Unternehmer,
bloß weil sie Risiken eingingen.
Zu viele hielten sich für Unternehmer,
bloß weil sie Milliarden-Schulden machten.
Zu viele durften Freiheit und Gehälter in unternehmerischer Höhe mit beamtenmäßiger Absicherung kombinieren.
Zu lange konnte man Visionen durch Fusionen suggerieren.
Zu lange konnte man kurzfristige Gewinne am besten durch Geschäftsmodelle machen, die versprachen, erst langfristig in die Gewinnzone zu kommen.
Zu wenige wussten: Kreativität liebt Restriktionen.

Zu viele glaubten, es sei besser, das Geld arbeite statt der Arbeiter, und es arbeite am besten ohne sie.
Zu vielen kriminellen Managern hat der Kapitalismus es zu leicht gemacht, so dass nicht länger nur die besten Kriminellen übrig blieben.
Zu viele glaubten, man müsse die Armen nicht nur arm, sondern auch schuldig und lächerlich machen.
Zu lange haben die Mathematiker versucht, die Komplexität auszutricksen, und sind dann (wie immer) von der Simplizität übertölpelt worden.
Zu viele hatten zu wenig Angst vor ihrem Untergang. So wird man reich. Und geht unter, ab und zu, na und.

EPITAPH
FÜR DEN SOZIALISMUS

Er kam und zu früh und zu schnell.
Am falschen Ort zur falschen Zeit.
Ebenso sein Untergang.
Und der war so elend und friedlich zur gleichen Zeit,
dass dieses System nicht so schlecht
gewesen sein konnte.

EPITAPH FÜR DEN KAPITALISMUS

Er hat uns viel gegeben,
aber nichts hinterlassen.
(Achtung, nicht zu früh freuen:
Der Sozialismus stellt sich gerne lebendig,
der Kapitalismus gerne mal tot.)

EPITAPH FÜR KARL MARX

Hier ruht ein Meister aus Deutschland, träumend von einem Grab in Büchern, da liegt man so angenehm eng.

Hier ruht der grandiose Pfennigfuchser, der sein Leben lang mittellose Gehirnwucherer, der mathematische Dichter, der gottlose Gläubige, der materialistische Mythologe, der kalte Humanist.

Hier ruht der Mohr, der seine Schuldigkeit noch nicht getan hat.

DER SCHWARZE FREITAG IN FARBE

Beim Heranrücken der alliierten Finanzkrisen werden nun die letzten Kapitalismus-Porträts verbrannt. Das Konterfei der sozialen Marktwirtschaft hängt nun wieder in den Wohnzimmern.

So mancher Politiker gesteht stolz, dass er insgeheim sich schon früher so manche Frage gestellt hat, ja, schon eher als andere einiges nicht verstanden hat! Der Wirtschaftsminister tritt zurück, weil niemand ihm Anerkennung dafür zollt, dass er von Anfang an alles nicht verstanden hat.

Ein sozialistischer Wendehals macht den Fehler, seinen Kopf um 180 Grad drehen zu wollen, das kann nicht gut gehen. Ein kapitalistischer Wendehals weiß: Wenn man seinen Kopf um 360 Grad dreht, zeigt er, als ob nichts gewesen wäre, wieder in die richtige Richtung.

Benötigt wird: eine Bad Bank, wo die Bad Banker entsorgt werden.

Zwei, drei Schrotthändler in den Großbanken verzichten auf ihre Abwrackprämie.

Die Masters of the Universe waren doch nur Comicfiguren.

So mancher fragt sich nun: Wie werde ich systemrelevant?

Die Ökonomie hat sich als unökonomisch erwiesen. Ab jetzt werden Wirtschaftsweise gesucht. Aber wo?

Die 3-Prozentler retten jetzt die 25-Prozentler. Die Steuerzahler die Steuersparer. Das Dienstpersonal bezahlt die Kosten der Party. Die zu Selbstmördern gewordenen Mörder werden von ihren Opfern gerettet.

Die Politiker versuchen wieder einmal vergeblich, durch Schaden nicht dumm zu werden.

Die Lügen der Linken werden nun von der Geschichte der Wahrheit gestraft. Betroffen verstummen sie, und die FDP erklärt, was zu tun ist.

Die Wirtschaft wird verstaatlicht. Und danach der Staat privatisiert.

Der Sozialismus der Millionäre beginnt, Hartz-IV-Empfänger werden wegen kapitalistischer Umtriebe (Konfirmationsgeschenke, Abwrackprämie, Betteln) enteignet.

Der turbokapitalistische Sozialismus Chinas muss jetzt den sozialistischen Kapitalismus der USA retten.

Ein Ökonom meint, dass die ökonomischen Gesetze des Kapitalismus ebenso gültig seien wie die Fallgesetze. Kein schlechter Vergleich!

Erst war der Finanzkapitalismus der dernier cri, dann hörte man seinen letzten Schrei, mit dem er sein fin de siècle einläutete.

Das Kuriose am Sozialismus: Er ließ sich sogar die Konditionen für seinen Untergang vorschreiben. Das Fantastische am Kapitalismus: Er diktiert sogar noch seinen Rettern die Konditionen.

Der Sozialismus ging nicht unter, weil er so schwarz-weiß war, wie ihn der Kapitalismus nun malt, sondern weil er grau war. Der Kapitalismus verzögert seinen Untergang nun durch einen Zaubertrick:

»Der Schwarze Freitag in Farbe!«